团 体 标 准

公路桥梁限位与剪断装置

Restraint and Fuse Device for Highway Bridge

T/CHTS 20002—2018

主编单位:中交第二公路勘察设计研究院有限公司
发布单位:中国公路学会
实施日期:2018 年 06 月 19 日

人民交通出版社股份有限公司
China Communications Press Co.,Ltd.

图书在版编目(CIP)数据

公路桥梁限位与剪断装置 / 中交第二公路勘察设计研究院有限公司主编. — 北京 ：人民交通出版社股份有限公司，2018.6

ISBN 978-7-114-14185-0

Ⅰ. ①公… Ⅱ. ①中… Ⅲ. ①公路桥—桥梁工程—结构力学—标准—中国 Ⅳ. ①U448.141-65

中国版本图书馆 CIP 数据核字(2018)第 051116 号

标准类型： 团体标准
标准名称： 公路桥梁限位与剪断装置
标准编号： T/CHTS 20002—2018
主编单位： 中交第二公路勘察设计研究院有限公司
责任编辑： 韩亚楠　郭红蕊
责任校对： 尹　静
责任印制： 张　凯
出版发行： 人民交通出版社股份有限公司
地　　址： (100011)北京市朝阳区安定门外外馆斜街 3 号
网　　址： http://www.ccpress.com.cn
销售电话： (010)59757973
总 经 销： 人民交通出版社股份有限公司发行部
经　　销： 各地新华书店
印　　刷： 北京市密东印刷有限公司
开　　本： 880×1230　1/16
印　　张： 2
字　　数： 40 千
版　　次： 2018 年 6 月　第 1 版
印　　次： 2018 年 6 月　第 1 次印刷
书　　号： ISBN 978-7-114-14185-0
定　　价： 25.00 元

中国公路学会文件

公学字〔2018〕63号

中国公路学会关于发布《公路桥梁限位与剪断装置》的公告

现发布中国公路学会标准《公路桥梁限位与剪断装置》(T/CHTS 20002—2018),自2018年6月19日起实施。

《公路桥梁限位与剪断装置》(T/CHTS 20002—2018)的版权和解释权归中国公路学会所有,并委托主编单位中交第二公路勘察设计研究院有限公司负责日常解释和管理工作。

中国公路学会

2018年6月18日

前　言

为进一步规范公路桥梁限位与剪断装置的技术质量要求，促进产品标准化、系列化和产业化，制定本标准。

本标准在对国内外桥梁限位与剪断装置相关产品应用情况调研、产品研发、产品试制及应用的基础上编制。

本标准充分考虑现阶段我国公路桥梁建设的实际情况和发展水平，本着安全、适用、耐久、经济的原则，按照《中国公路学会标准编写规则》编写。

请将本标准实施过程中发现的问题和对标准的意见、建议反馈至中交第二公路勘察设计研究院有限公司（地址：武汉经济技术开发区创业路18号，电子邮箱：zhuyu1210@163.com），供修订时参考。

本标准由中国公路学会提出，受中国公路学会委托，由中交第二公路勘察设计研究院有限公司负责具体解释工作。

主编单位：中交第二公路勘察设计研究院有限公司

参编单位：武汉鑫拓力工程技术有限公司、上海市城市建设设计研究总院、成都市大通路桥机械有限公司、丰泽工程橡胶科技开发股份有限公司、衡橡科技股份有限公司、江苏万宝桥梁构件有限公司

主要起草人：廖朝华、朱玉、冯鹏程、周良、南军强、彭元诚、仝强、吴成亮、周华荣、闫蕾蕾、李雪峰、伍大同、徐瑞祥、赵保广、薛飞

主要审查人：李彦武、周海涛、赵君黎、秦大航、鲍卫刚、雷俊卿、吉林、刘元泉、杨耀铨、钟建驰

目　　次

1　范围 …… 1
2　规范性引用文件 …… 2
3　术语 …… 3
4　分类、型号与规格 …… 4
　4.1　分类 …… 4
　4.2　型号 …… 4
　4.3　规格 …… 4
5　技术要求 …… 6
　5.1　性能要求 …… 6
　5.2　材料性能 …… 6
　5.3　外观、尺寸与偏差 …… 6
　5.4　防护 …… 7
　5.5　组装 …… 7
6　试验方法 …… 8
　6.1　试验场地 …… 8
　6.2　试样 …… 8
　6.3　试验方法 …… 8
7　检验规则 …… 9
　7.1　检验分类 …… 9
　7.2　检验项目及检验周期 …… 9
　7.3　检验结果的判定 …… 10
8　包装、标志、运输和储存 …… 11
9　安装、养护 …… 12
　9.1　安装 …… 12
　9.2　养护 …… 12
附录A(规范性附录)　限位力试验方法 …… 13
附录B(规范性附录)　剪断力试验方法 …… 14
附录C(规范性附录)　转动性能试验方法 …… 15
附录D(规范性附录)　平动位移试验方法 …… 16
附录E(规范性附录)　灌浆材料的性能要求 …… 17
附录F(资料性附录)　限位与剪断装置规格系列 …… 18
用词说明 …… 21

公路桥梁限位与剪断装置

1 范围

本标准规定了公路桥梁限位与剪断装置的产品分类、型号与规格，技术要求，试验方法，检验规则，包装、标志、运输和储存，安装与养护等。

本标准适用于限位与剪断力为 200kN～30 000kN 的公路桥梁限位与剪断装置。

2　规范性引用文件

下列文件对于本文件的应用是必不可少的。凡是注日期的引用文件，仅注日期的版本适用于本文件。凡是不注日期的引用文件，其最新版本（包括所有的修改单）适用于本文件。

GB/T 699　优质碳素结构钢

GB/T 714　桥梁用结构钢

GB/T 985.1　气焊、焊条电弧焊、气体保护焊和高能束焊的推荐坡口

GB/T 1184　形状和位置公差未注公差值

GB/T 1591　低合金高强度结构钢

GB/T 1800.1　产品几何技术规范（GPS）极限与配合

GB/T 1804　一般公差　线性尺寸的未标注公差

GB/T 3077　合金结构钢

GB/T 3280　不锈钢冷轧钢板和钢带

GB/T 7233.1　铸钢件　超声检测

GB/T 11352　一般工程用铸造碳钢件

JB/T 5943　工程机械焊接通用技术条件

JB/T 6402　大型低合金钢铸件

JTG H11　公路桥涵养护规范

JT/T 391　公路桥梁盆式支座

JT/T 722　公路桥梁钢结构防腐涂装技术条件

JT/T 901　桥梁支座用高分子材料滑板

3 术语

3.0.1 限位装置 restraint device

具有约束平动位移功能的装置。

3.0.2 剪断装置 fuse device

在正常工况下具有约束平动位移功能,在设计地震动或其他作用下剪断,解除平动位移约束的装置。

3.0.3 限位力 restraint force

正常工况下限位装置可承受的力。

3.0.4 剪断力 fuse force

地震动或其他作用下剪断装置剪断时所受的力。

3.0.5 平动位移 translation displacement

正常工况下限位与剪断装置的上、下座板平动产生的相对位移。

4 分类、型号与规格

4.1 分类

4.1.1 按功能分类，可分为下列两种类型：

1 限位装置：代号为 XW，承受限位力，限制平动位移。一般与普通支座配合使用。

2 剪断装置：代号为 XW/J，在限位力范围内限制平动位移，限位力达到设计值时，剪力销剪断，解除限位。一般与减隔震类支座配合使用。

4.1.2 按使用性能分类，可分为下列两种类型：

1 单向型：代号为 DX，限制梁体纵向或横向的平动位移。

2 固定型：代号为 GD，限制平动位移。

4.2 型号

4.2.1 限位与剪断装置型号如图 4.2.1 所示。

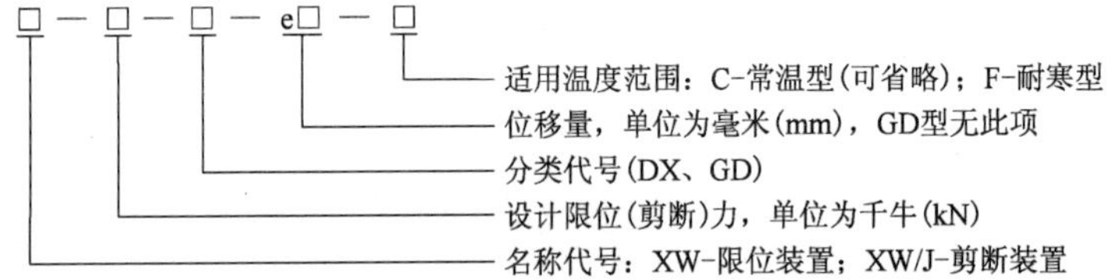

图 4.2.1 限位与剪断装置型号

示例 1：XW-4000-DX-e200，表示设计限位力为 4 000kN，平动位移量为±200mm 的常温型单向限位装置；

示例 2：XW/J-8000-GD-F，表示设计剪断力为 8 000kN 的耐寒型固定剪断装置。

4.3 规格

4.3.1 限位与剪断装置规格系列按承受限位与剪断力的大小共分为 30 级(kN)：200，300，400，500，600，700，800，900，1 000，1 500，2 000，2 500，3 000，3 500，4 000，4 500，5 000，6 000，7 000，8 000，9 000，10 000，12 500，15 000，17 500，20 000，22 500，25 000，27 500，30 000。

4.3.2 限位与剪断装置设计转角不应小于 0.02rad。

4.3.3 单向型限位与剪断装置的设计平动位移量分为 6 级(mm)：±50，±100，±150，±200，±250，±300。当有特殊要求时，位移量可根据需要进行调整。

4.3.4 限位装置一般由上板、下板、锚固螺栓和锚棒组件，以及 SF-1 三层复合板、不锈钢板等组成，如图 4.3.4所示。

4.3.5 剪断装置一般由上板、下板、锚固螺栓、锚棒组件、剪板和剪力销，以及 SF-1 三层复合板、不锈钢板等组成，如图 4.3.5 所示。

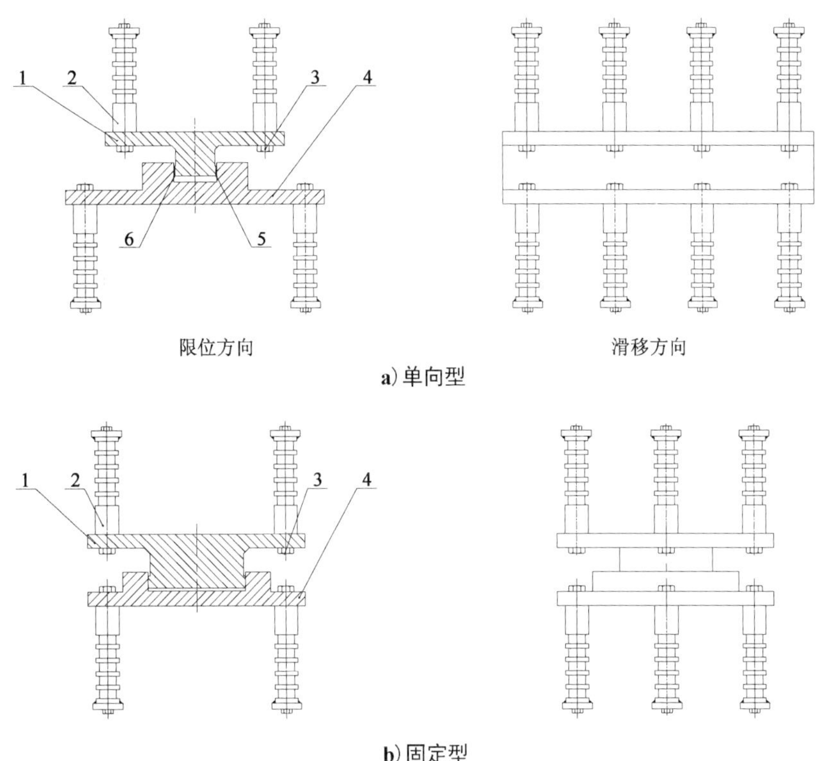

a) 单向型

b) 固定型

图 4.3.4　限位装置结构示意

1-上板;2-锚棒组件;3-锚固螺栓;4-下板;5-不锈钢板;6-SF-1 三层复合板

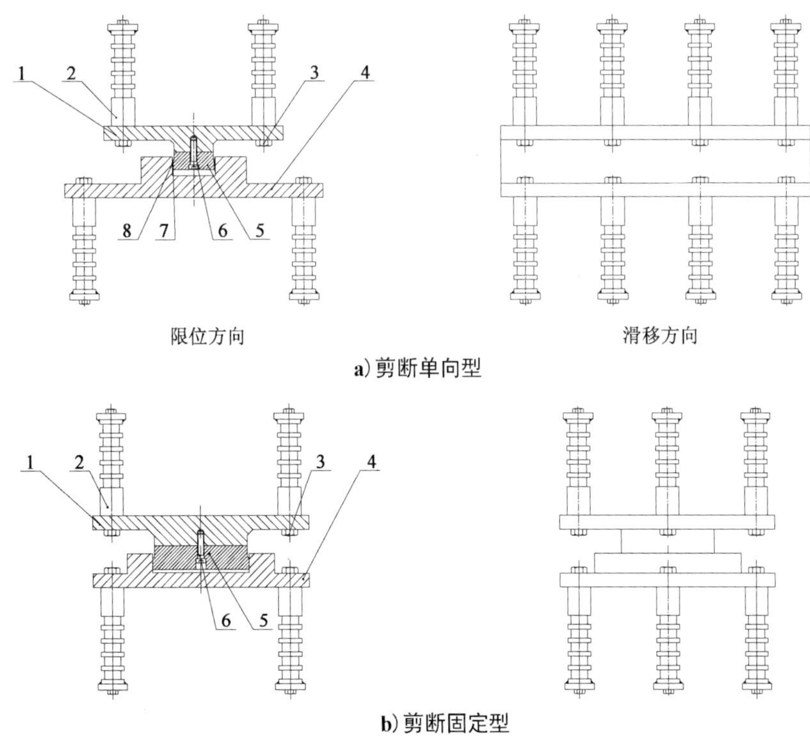

a) 剪断单向型

b) 剪断固定型

图 4.3.5　剪断装置结构示意

1-上板;2-锚棒组件;3-锚固螺栓;4-下板;5-剪板;6-剪力销;7-SF-1 三层复合板;8-不锈钢板

5 技术要求

5.1 性能要求

5.1.1 限位与剪断装置适用的温度范围:常温型为－25℃～60℃,耐寒型为－40℃～60℃。

5.1.2 在设计限位力内,限位与剪断装置应处于弹性范围。

5.1.3 限位装置承受1.5倍的设计限位力时,不得发生破坏;剪断装置承受1.0～1.15倍的设计剪断力时,剪力销剪断,限位解除。

5.1.4 竖向转动及水平移动应平稳、无卡死现象,平动位移值不得小于设计值。

5.2 材料性能

5.2.1 上板、下板的材料按照温度类型分别选取不同牌号的热轧钢板、铸钢件,性能应符合GB/T 714、GB/T 1591、GB/T 11352、JB/T 6402的相关规定。

5.2.2 锚棒组件、锚固螺栓宜采用优质碳素结构钢,其化学成分和机械性能应符合GB/T 699的相关规定。

5.2.3 SF-1三层复合板性能应符合JT/T 901的相关规定;SF-1三层复合板在无润滑剂条件下,平均压应力为65MPa时,初始静摩擦系数应不大于0.2,动摩擦系数应不大于0.15。

5.2.4 不锈钢板应按照温度类型分别选取不同牌号的冷轧钢板,其技术条件应符合GB/T 3280的相关规定,表面应符合8#表面的加工要求,表面粗糙度R_a应小于0.8μm,硬度应不大于HV150～HV220。

5.2.5 剪力销采用合金结构钢,其化学成分和机械性能应符合GB/T 3077的相关规定。

5.2.6 剪板的材料应按照温度类型分别选取不同牌号的热轧钢板、铸钢件,性能应符合GB/T 714、GB/T 1591、GB/T 11352、JB/T 6402的相关规定。

5.2.7 限位与剪断装置当采用焊接结构时,焊接要求应符合GB/T 985.1和JB/T 5943的相关规定。

5.3 外观、尺寸与偏差

5.3.1 限位与剪断装置各零部件的机加工尺寸公差及配合应符合设计要求,未注线性和角度尺寸公差应按GB/T 1804中的m级的规定执行,未注形状和位置公差应按GB/T 1184中L级的规定执行。

5.3.2 剪力销加工尺寸偏差应符合设计要求,剪力销与剪板、上板的配合公差应符合GB/T 1800.1中的规定。

5.3.3 限位与剪断装置外露表面应平整,焊缝均匀。漆膜表面应光滑,不应有漏漆、流痕、皱褶等现象。组装后的高度偏差应满足表5.3.3的要求。

表 5.3.3 组装后的高度偏差

限位与剪断力(kN)	组装高度偏差(mm)
200～5 000	±2
5 000～10 000	±3
10 000～30 000	±4

5.3.4 单向型限位与剪断装置侧面不锈钢冷轧钢板外观质量应符合 JT/T 391 的相关规定。不锈钢板与下板的焊接应采用连续焊。

5.3.5 SF-1 三层复合板的外观、尺寸及公差应符合 JT/T 901 的有关规定。

5.3.6 铸钢件加工后的表面缺陷应符合表 5.3.6 的规定。

表 5.3.6 铸钢件加工后的表面缺陷

缺陷部位	气孔、缩孔、砂眼、渣孔				
	缺陷大小	缺陷深度	缺陷个数	缺陷面积	缺陷间隙
上板、下板、剪板	$d \leqslant 3$mm	不大于所在部位厚度的 10%	100mm×100mm 内不多于 1 个	不大于所在部位面积的 1.5%	≥80mm

5.4 防护

5.4.1 限位与剪断装置的涂装体系、表面处理、要求、质量均应符合 JT/T 722 的相关规定。

5.4.2 锚固螺栓和套筒宜进行合金镀层处理。

5.4.3 限位与剪断装置应设置防尘设施，且应便于更换及日常维护。

5.5 组装

5.5.1 加工后的零部件在组装前，应按照本标准第 5.3 节的有关规定逐件进行检查，合格后打上合格标记，方可进行组装。

5.5.2 限位与剪断装置组装前应清洁所有零部件，摩擦副接触面不应有锈蚀、划痕。

5.5.3 限位与剪断装置零部件加工尺寸偏差应符合设计要求，装配时应符合以下公差配合要求：

1 限位与剪断装置的凸缘与下板侧面之间的配合间隙不大于 0.5mm。

2 剪断装置剪板与上板配合面粗糙度 $R_a \leqslant 3.2\mu$m。

5.5.4 限位与剪断装置组装后应采用有效措施连接成整体，在运输、储存和安装过程中不应拆卸。

6 试验方法

6.1 试验场地

6.1.1 限位与剪断装置成品试验应在制造厂或专门的试验机构进行。

6.2 试样

6.2.1 限位与剪断装置的限位力、剪断力、平动位移、转动性能试验一般应采用成品进行。

6.2.2 受试验设备能力限制时,可选用有代表性的小型限位与剪断装置(设计力不应小于 500kN)进行试验。

6.3 试验方法

6.3.1 限位力试验应按附录 A 的规定进行。

6.3.2 剪断力试验应按附录 B 的规定进行。

6.3.3 转动性能试验应按附录 C 的规定进行。

6.3.4 平动位移试验应按附录 D 的规定进行。

7 检验规则

7.1 检验分类

7.1.1 限位与剪断装置的检验分为原材料及部件进厂检验、型式检验和出厂检验。

7.1.2 原材料及部件进厂检验。限位与剪断装置加工使用的原材料及外协加工件进厂时，应进行验收检验。

7.1.3 型式检验。型式检验应在具有相应资质的质量监督检测机构进行。有下列情况之一时，应进行型式检验：

1 新产品投产时或老产品转厂生产的试制定型检验。

2 正式生产后，如结构、材料、工艺有较大改变，可能影响产品性能时。

3 正常生产时，每两年进行一次检验。

4 国家质量监督机构或用户提出进行型式检验的要求时。

7.1.4 出厂检验限位与剪断装置出厂时，生产厂家对每批成品进行检验。

7.2 检验项目及检验周期

7.2.1 限位与剪断装置使用的原材料及部件进厂检验项目、检验内容、检验周期应符合表7.2.1的规定，并附有材质证明。

表7.2.1 限位与剪断装置原材料及部件检验

序号	检验项目	检验内容	检验周期及数量	检验要求
1	结构钢	机械性能	每批一次	5.2.2、5.2.6
2	铸钢件	机械性能	每炉铸件一次	5.2.2、5.2.6
		裂纹、蜂窝状孔洞、缺陷	每炉铸件一次	5.3.6
3	SF-1三层复合板	物理机械性能、厚度、外观	每批复合板(不大于30kg)一次	5.2.3、5.3.5
	不锈钢	机械性能	每批一次	5.2.4
		外观质量	每批一次	5.3.4
4	部件	外观、尺寸、偏差	每批产品，小于或等于20个，随机抽取1个	符合设计要求、本标准

7.2.2 限位与剪断装置型式检验应满足表7.2.2的要求。

表 7.2.2　限位与剪断装置型式检验

序号	检验项目		检验内容	检验要求
1	成品装置性能	限位力试验	6.3.1	5.1.2
		剪断力试验	6.3.2	5.1.3
		转动试验	6.3.3	5.1.4
		平动位移试验	6.3.4	5.1.4
2	原材料检验		表 7.2.1	表 7.2.1
3	出厂检验			表 7.2.3

7.2.3　限位与剪断装置出厂检验应满足表 7.2.3 的要求。

表 7.2.3　限位与剪断装置出厂检验

序号	检验项目	检验内容	检验要求	抽样
1	组装后成品	外观、高度、组装间隙	5.3.3、5.5.3	每套装置
2	不锈钢板	尺寸、公差、平面度、与基层钢板焊接质量与密贴程度	5.3.4	每批产品，小于或等于 30 个，抽检 1 个
3	SF-1 三层复合板	尺寸、公差、平面度、与基层钢件凹槽组装间隙等	5.3.5	
4	上板与下板	外观、缺陷	5.3.6	
5	涂装防护体系	涂装表面处理、要求	5.4.1	每套装置

7.3　检验结果的判定

7.3.1　原材料。检验中不符合本标准要求的原材料及外购件不得使用。

7.3.2　型式检验。型式检验采用随机抽样方式进行。型式检验项目全部合格，则该批产品为合格。当检验项目中有不合格项，应从该批产品中随机再取双倍数量试样对不合格项目进行复检，复检后仍有不合格项，则该批产品为不合格。

7.3.3　出厂检验。成品在出厂检验中，若有一项不合格，应从该批产品中随机再取双倍数量的限位与剪断装置对不合格的项目进行复检，若仍有一项不合格时，则判定该批产品不合格。

8 包装、标志、运输和储存

8.0.1 每个限位与剪断装置出厂时应有明显标记，其内容应包括：产品名称、规格型号、主要技术指标及厂名、编号和日期。

8.0.2 每个限位与剪断装置均应采用木箱或铁皮牢固可靠的包装。包装箱外应注明产品名称、规格、质量和制造日期，箱内应附有产品合格证、质量检验单等技术文件。

8.0.3 限位与剪断装置在运输、储存过程中，应有防晒、防潮保护，严禁与酸、碱、油类、有机溶剂等影响产品质量的物质接触，并距离热源 1m 以外。

9 安装、养护

9.1 安装

9.1.1 安装限位与剪断装置的混凝土强度等级不宜低于 C40，垫石高度应充分考虑安装、养护和更换的方便，垫石顶面应平整，且四角高度差不应大于 2mm。

9.1.2 安装限位与剪断装置的墩台顶面支承垫石部位应预留锚棒组件孔，预留孔直径、深度应分别大于锚棒组件外径、长度 60mm～80mm。预留孔中心及对角线位置偏差不应超过 10mm。

9.1.3 限位与剪断装置安装前应核查各零部件状态、连接状况以及产品合格证，合格后方可进行安装。限位与剪断装置的安装可采用灌浆法、坐浆法等方法。

9.1.4 采用灌浆法安装时，应符合下列要求：

1 限位与剪断装置安装前应首先凿毛装置安装部位的支承垫石表面，清除锚棒组件预留孔内的积水和杂物，安装灌浆用模板，将垫石表面润湿。

2 梁体吊装前，应先将限位与剪断装置安装在梁体底部，上板与梁体预埋板间不得留有空隙。

3 安装时采取可靠措施使限位与剪断装置的下板下底面高程满足设计要求，各装置应受力均匀。

4 限位与剪断装置就位后，在其下板下底面与垫石顶面之间预留 20mm～30mm 空隙，用于灌注浆料。

5 灌浆前应初步计算所需要浆体的体积。应从限位与剪断装置中心部位向四周灌注，直至从模板与支座底板周边缝隙观察到灌浆料为止。灌浆口应高于限位与剪断装置底板顶面 50cm。

6 灌浆强度达到设计强度的 20%后方可拆除模板，并对缺浆处进行补浆。

7 对灌浆进行洒水养护，强度达到设计值后拆除临时装置，安装好防尘装置。

8 除设计有特殊要求外，灌浆料的技术指标宜按照附录 E 进行取值。

9.1.5 采用坐浆法安装时，应符合下列要求：

1 限位与剪断装置安装前应首先凿毛装置安装部位的支承垫石表面，清除锚棒组件预留孔内的积水和杂物，安装灌浆用模板，将垫石表面润湿。

2 梁体吊装前应先将限位与剪断装置安装在梁体底部，上板与梁体预埋板间不得留有空隙。

3 落梁前在支承垫石顶面铺一层厚度为 20mm～30mm 的干硬性无收缩砂浆，砂浆强度等级不宜低于 M50，砂浆顶面铺成中间略高于四周的形状。

4 预留孔采用重力灌浆料灌注密实。对灌浆部位进行洒水养护，强度达到设计值后拆除临时装置，安装好防尘装置。

9.2 养护

9.2.1 限位与剪断装置应按照 JTG H11 相关规定定期进行检查、养护。

9.2.2 应定期对限位与剪断装置螺栓进行清洗，涂覆黄油，防止锈死。

9.2.3 更换限位与剪断装置前梁体需要纠偏时，需进行纠偏专项设计，编制施工组织计划和专项预案。

附录 A（规范性附录） 限位力试验方法

A.1 试验条件与试样停放

A.1.1 试验室的标准温度为 23℃±5℃。

A.1.2 试验前将试样直接暴露在标准温度下，停放 24h。

A.2 试验方法

A.2.1 按图 A.2.1 放置试样。

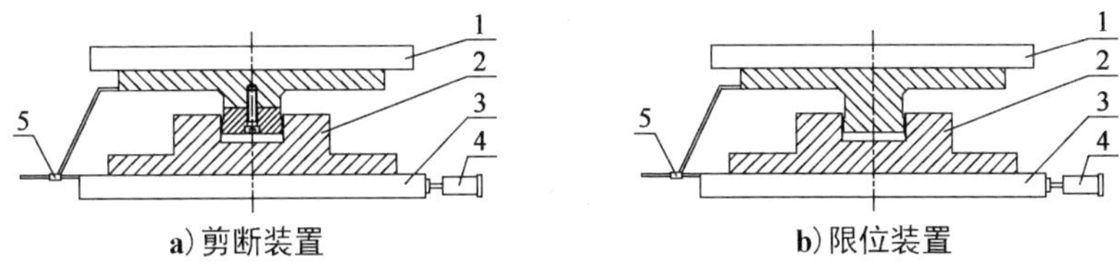

图 A.2.1 限位力试验示意

1-上承载板；2-试样；3-下承载板；4-水平加载装置；5-水平位移传感器

A.2.2 按下列步骤进行限位力试验：

1 将试样固定于试验机的承载板上，试样中心与承载板中心位置对准，偏差小于 1%下板边长，并拆除试样的临时固定装置。

2 预推。用限位力的 20%对限位与剪断装置进行预推，反复进行 3 次。

3 正式加载。将试验荷载由零至设计限位力均匀分为 10 级。试验时，先以设计限位力的 0.5%作为初始推力，然后逐级加载，每级荷载稳压 2min 后，记录位移传感器数据，加载至设计限位力稳压 3min 后卸载。加载过程连续进行 3 次。

4 绘制荷载—变形曲线。

5 卸载后，检查试样变形是否恢复。变形不能恢复的为不合格产品。

A.3 试验报告

A.3.1 试验报告应包括以下内容：

1 试件概况描述：包括装置型号、设计限位力、转角、位移，并附简图。

2 试验机性能及配置描述。

3 试验过程中出现异常现象描述。

4 试验记录和试验结果。

5 附试验照片。

附录 B(规范性附录) 剪断力试验方法

B.1 试验条件与试样停放

B.1.1 试验条件与试样停放见附录 A。

B.2 试验方法

B.2.1 按图 B.2.1 放置试样后,按下列步骤进行剪断力试验:

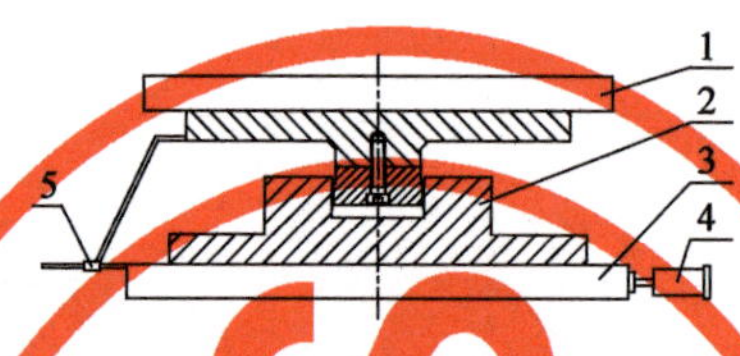

图 B.2.1 剪断力试验示意

1-上承载板;2-试样;3-下承载板;4-水平加载装置;5-水平位移传感器

1 将试样固定于试验机的承载板上,试样中心与承载板中心位置对准,偏差小于 1%下板边长,并拆除试样的临时固定装置。

2 预推。用剪断力的 20%对剪断装置进行预推,反复进行 3 次。

3 正式加载。以设计剪断力的 0.5%作为初始推力,然后连续均匀加载,直至剪力销被剪断,停止试验。

4 绘制荷载—变形曲线,并将整个曲线中最大荷载作为剪断力。

B.3 试验报告

B.3.1 试验报告应包含以下内容:

1 试件概况描述:包括装置型号、设计剪断力、转角、位移,并附简图。

2 试验机性能及配置描述。

3 试验过程中出现异常现象描述。

4 试验记录和试验结果。

5 附试验照片。

附录 C（规范性附录） 转动性能试验方法

C.1 试验条件与试样停放

C.1.1 试验条件与试样停放见附录 A。

C.2 试验方法

C.2.1 按图 C.2.1 放置试样后，按下列步骤进行转动性能试验：

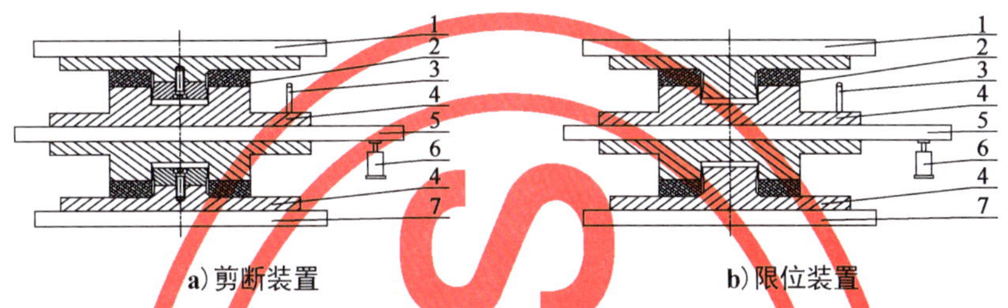

图 C.2.1 转动性能试验示意

1-上承载板；2-橡胶垫；3-位移传感器；4-试样；5-加载横梁；6-竖向加载装置；7-下承载板

1 将试样置于试验机的承载板上，试样中心与承载板中心位置对准，偏差小于 1%下板边长，并拆除试样的临时固定装置。

2 预推。用限位与剪断力的 20%施加在加载横梁上进行预推，反复进行 3 次。

3 正式加载。以缓慢速度竖向加载顶起加载横梁，施加荷载至设计值，保持荷载。记录试样发生转动瞬间加载装置的最大荷载，计算试样转动力矩。观察试验过程中有无卡死、磨损等现象并记录。

4 绘制位移—时间曲线。

C.3 试验报告

C.3.1 试验报告应包含以下内容：

1 试件概况描述：包括装置型号、设计限位与剪断力、转角、位移，并附简图。

2 试验机性能及配置描述。

3 试验过程中出现异常现象描述。

4 试验记录和试验结果。

5 附试验照片。

附录 D(规范性附录)　平动位移试验方法

D.1　试验条件与试样停放

D.1.1　试验条件与试样停放见附录 A。

D.2　试验方法

D.2.1　按图 D.2.1 放置试样后,按下列步骤进行平动位移试验:

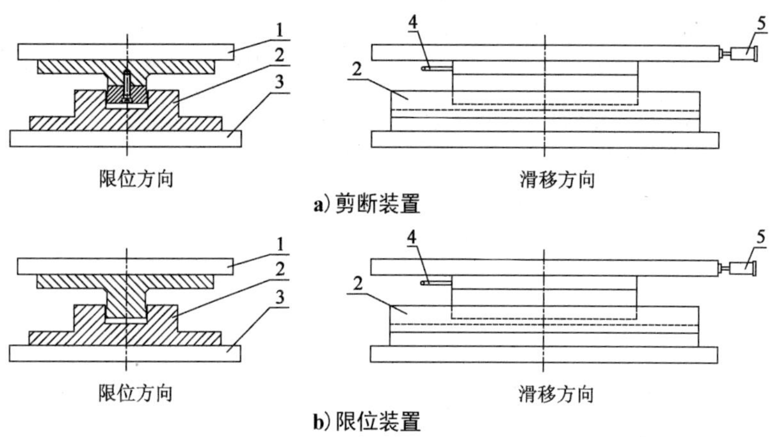

图 D.2.1　水平位移试验示意

1-上承载板;2-试样;3-下承载板;4-水平位移传感器;5-水平加载装置

1　将试样置于试验机的下承载板上,试样中心与承载板中心位置对准,偏差小于 1%下板边长,并拆除限位与剪断装置的临时固定装置。

2　预推。用限位与剪断力的 20%施加在加载横梁上进行预推,反复进行 3 次。

3　正式加载。从零开始连续均匀加载,直至发生滑移,保持加载荷载不变,每隔 1min 记录下位移传感器数据,直至所记录的数据达到设计位移量,将装置复位。试验过程连续进行 3 次。观察试验过程有无卡死、磨损等异常现象并记录。

4　绘制位移—时间曲线。

D.3　试验报告

D.3.1　试验报告应包含以下内容:

1　试件概况描述:包括装置型号、设计限位与剪断力、转角、位移,并附简图。

2　试验机性能及配置描述。

3　试验过程中出现异常现象描述。

4　试验记录和结果。

5　附试验照片。

附录 E(规范性附录) 灌浆材料的性能要求

E.0.1 灌浆材料的性能应满足下列要求:

1 灌浆材料 8h 抗压强度不小于 20MPa,24h 抗压强度不小于 40MPa,28d 抗压强度不小于 50MPa,56d 后强度不降低。

2 灌浆材料 28d 弹性模量不小于 30GPa。

3 灌浆材料 24h 抗折强度不小于 10MPa,28d 抗折强度不小于 10MPa。

4 浆体水灰比不大于 0.34,且不应泌水,流动度不小于 320mm,30min 后流动度不应小于 240mm;标准养护条件下浆体 28d 自由膨胀率为 0.02%~0.1%。

E.0.2 当有特殊要求时,灌浆材料可采用早强快硬材料,常温条件下,灌浆材料 2h 抗压强度不宜小于 20MPa,56d 抗压强度不应小于 50MPa。

附录 F(资料性附录) 限位与剪断装置规格系列

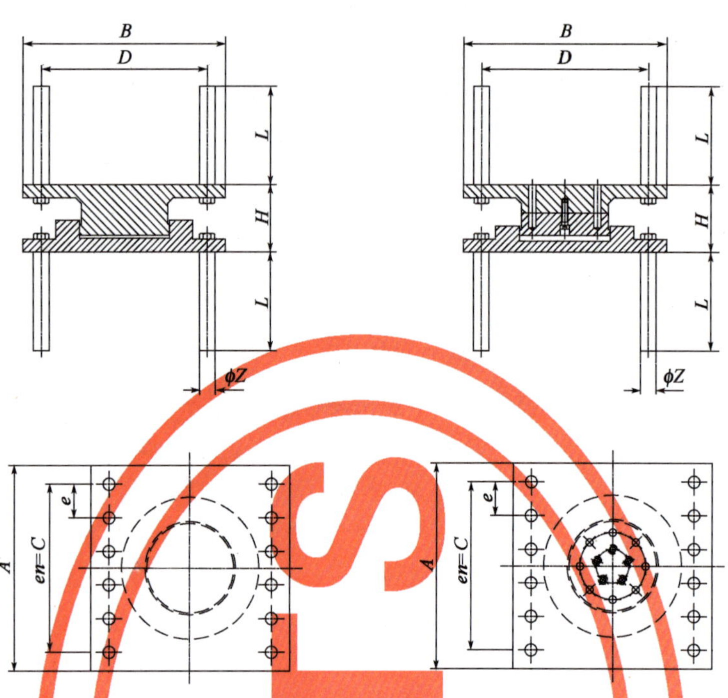

图 F.0.1 固定型限位与剪断装置示意

表 F.0.1 固定型限位与剪断装置系列安装尺寸参考表(单位:mm)

型　　号	支座高度	上/下支座板		上/下锚棒间距				预埋深度
	H	*A*	*B*	*C*	*n*	*e*	*D*	*L*·*Z*
XW(XW/J)-200-GD	105	260	260	190	1	190	190	140×35
XW(XW/J)-300-GD	130	335	335	255	1	255	255	180×45
XW(XW/J)-400-GD	150	370	370	280	1	280	280	200×50
XW(XW/J)-500-GD	175	435	435	335	1	335	335	220×55
XW(XW/J)-600-GD	180	495	495	385	1	385	385	240×60
XW(XW/J)-700-GD	185	565	565	455	1	455	455	240×60
XW(XW/J)-800-GD	205	615	615	495	1	495	495	260×65
XW(XW/J)-900-GD	210	665	665	535	1	535	535	280×70
XW(XW/J)-1000-GD	225	690	690	560	1	560	560	280×70
XW(XW/J)-1500-GD	270	855	855	735	1	735	735	340×85
XW(XW/J)-2000-GD	310	965	965	765	1	765	765	400×100
XW(XW/J)-2500-GD	340	1 045	1 045	850	2	425	855	420×105
XW(XW/J)-3000-GD	325	1 090	1 090	900	2	450	900	420×105

表 F. 0. 1(续)

型　号	支座高度	上/下支座板		上/下锚棒间距				预埋深度
	H	*A*	*B*	*C*	*n*	*e*	*D*	*L*·*Z*
XW(XW/J)-3500-GD	340	1 120	1 120	930	2	465	930	420×105
XW(XW/J)-4000-GD	365	1 180	1 180	980	2	490	980	460×115
XW(XW/J)-4500-GD	385	1 200	1 200	1 000	2	500	1 000	460×115
XW(XW/J)-5000-GD	395	1 300	1 300	1 090	2	545	1 090	480×120
XW(XW/J)-6000-GD	405	1 395	1 395	1 185	3	395	1 185	480×120
XW(XW/J)-7000-GD	425	1 500	1 500	1 260	3	420	1 260	540×135
XW(XW/J)-8000-GD	435	1 605	1 605	1 365	3	455	1 365	540×135
XW(XW/J)-9000-GD	475	1 600	1 600	1 350	3	450	1 350	560×140
XW(XW/J)-10000-GD	500	1 705	1 705	1 455	3	485	1 455	560×140
XW(XW/J)-12500-GD	540	1 840	1 840	1 560	3	520	1 560	640×160
XW(XW/J)-15000-GD	515	2 030	2 030	1 750	5	350	1 750	640×160
XW(XW/J)-17500-GD	545	2 230	2 230	1 950	5	390	1 950	640×160
XW(XW/J)-20000-GD	565	2 430	2 430	2 150	5	430	2 150	640×160
XW(XW/J)-22500-GD	560	2 845	2 845	2 550	5	510	2 565	640×160
XW(XW/J)-25000-GD	615	3 100	3 100	2 800	7	400	2 800	660×165
XW(XW/J)-27500-GD	615	3 275	3 275	2 975	7	425	2 975	660×165
XW(XW/J)-30000-GD	630	3 485	3 485	3 185	7	455	3 185	660×165
注：*n*+1 为螺栓排数。								

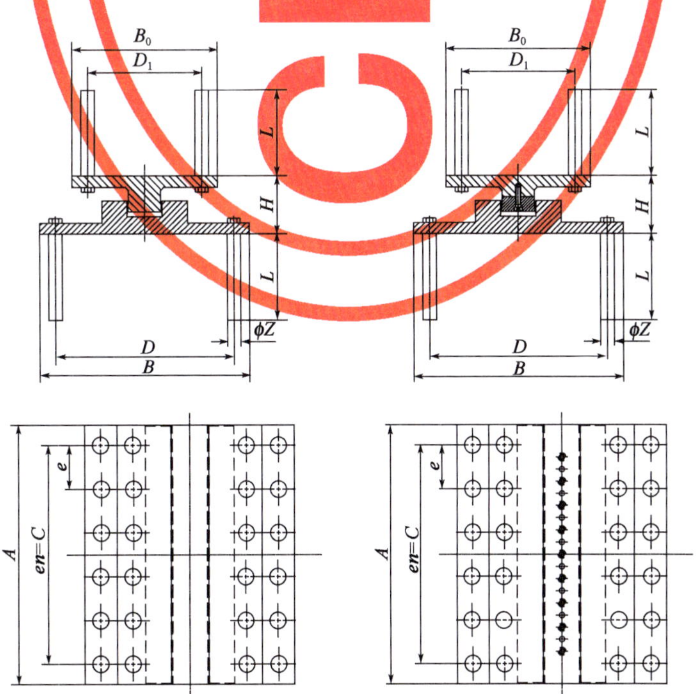

图 F. 0. 2　单向型限位与剪断装置示意

表 F.0.2 单向型限位与剪断装置系列安装尺寸参考表(设计平动位移量:±50mm)(单位:mm)

型　号	支座高度	上/下支座板			上/下锚棒间距					预埋深度
	H	A	B	B_0	C	n	e	D	D_1	$L \cdot Z$
XW(XW/J)-200-DX-e50	90	385	305	205	175	1	175	245	140	140×35
XW(XW/J)-300-DX-e50	105	405	375	250	175	1	175	300	175	180×45
XW(XW/J)-400-DX-e50	125	425	425	285	150	1	150	340	200	200×50
XW(XW/J)-500-DX-e50	150	465	480	300	180	1	180	390	235	220×55
XW(XW/J)-600-DX-e50	160	485	525	355	180	1	180	425	255	240×60
XW(XW/J)-700-DX-e50	165	485	535	365	180	1	180	435	265	240×60
XW(XW/J)-800-DX-e50	175	505	565	380	195	1	195	455	270	260×65
XW(XW/J)-900-DX-e50	185	545	610	410	210	1	210	490	290	280×70
XW(XW/J)-1000-DX-e50	200	565	660	460	255	1	255	540	340	280×70
XW(XW/J)-1500-DX-e50	225	565	750	505	255	1	255	605	360	340×85
XW(XW/J)-2000-DX-e50	270	600	900	615	300	1	300	730	445	400×100
XW(XW/J)-2500-DX-e50	305	630	985	685	315	2	315	805	505	420×105
XW(XW/J)-3000-DX-e50	295	945	985	685	630	2	630	805	505	420×105
XW(XW/J)-3500-DX-e50	315	945	1 015	715	630	2	630	835	535	420×105
XW(XW/J)-4000-DX-e50	325	1 035	1 100	775	690	2	690	905	580	460×115
XW(XW/J)-4500-DX-e50	345	1 035	1 100	775	690	2	345	905	580	460×115
XW(XW/J)-5000-DX-e50	325	990	945	805	630	2	315	945	600	480×120
XW(XW/J)-6000-DX-e50	355	1 290	1 160	810	1 020	3	340	950	600	480×120
XW(XW/J)-7000-DX-e50	370	1 500	1 240	855	1 095	3	365	1 010	625	540×135
XW(XW/J)-8000-DX-e50	380	1 520	1 295	910	1 110	3	370	1 065	680	540×135
XW(XW/J)-9000-DX-e50	425	1 540	1 350	950	1 125	3	375	1 110	710	560×140
XW(XW/J)-10000-DX-e50	455	1 560	1 410	1 010	1 140	3	380	1 170	770	560×140
XW(XW/J)-12500-DX-e50	480	1 805	1 510	1 060	1 320	3	440	1 240	790	640×160
XW(XW/J)-15000-DX-e50	460	2 500	1 510	1 060	20 000	5	400	1 240	790	640×160
XW(XW/J)-17500-DX-e50	490	2 500	1 515	1 065	20 000	5	400	1 245	795	640×160
XW(XW/J)-20000-DX-e50	520	2 540	1 560	1 110	2 050	5	410	1 290	840	640×160
XW(XW/J)-22500-DX-e50	585	2 500	1 680	1 230	2 000	5	400	1 410	960	640×160
XW(XW/J)-25000-DX-e50	600	3 100	1 730	1 255	2 590	7	370	1 445	970	660×165
XW(XW/J)-27500-DX-e50	610	3 120	1 750	1 275	2 625	7	375	1 465	990	660×165
XW(XW/J)-30000-DX-e50	630	3 180	1 780	1 305	2 660	7	380	1 495	1 020	660×165
注:n+1 为螺栓排数。										

注:设计平动位移量为±100mm、±150mm、±200mm、±250mm、±300mm 限位与剪断装置尺寸除了 A 分别增加 100mm、150mm、200mm、250mm 之外,其余尺寸均不改变。

用词说明

1 本标准执行严格程度的用词，采用下列写法：

1） 表示严格，在正常情况下均应这样做的用词，正面词采用“应”，反面词采用“不应”或“不得”。

2） 表示允许稍有选择，在条件许可时首先应这样做的用词，正面词采用“宜”，反面词采用“不宜”。

3） 表示有选择，在一定条件下可以这样做的用词，采用“可”。

2 引用标准的用语采用下列写法：

1） 在标准条文及其他规定中，当引用的标准为国家标准或行业标准时，应表述为“应符合×××××的有关规定”。（×××××为标准编号）

2） 当引用标准中的其他规定时，应表述为“应符合本标准第×章的有关规定”“应符合本标准第×.×节的有关规定”“应按本标准第×.×.×条的有关规定执行”。